मैं और मेरा अनुभव

जतिन मित्तल

Copyright © Jatin Mittal
All Rights Reserved.

मेरी यह किताब संपूर्ण रूप से मेरे अध्यापक

मिथुन मण्डल

को समर्पित है।

क्योंकि अगर वो हमारे विद्यालय में न होते तो शायद मुझे यह कला कभी भी न मिल पाती ।

क्रम-सूची

क्रम-सूची

भूमिका

मेरी यह किताब संपूर्ण रूप से मेरी ही जिंदगी पर आधारित है की जन्म से लेकर आज तक मुझे किन किन परिस्थितियों में किन किन परेशानियों का सामना करना पड़ा।

और मैं उन सबसे माफी चाहूंगा जिनका नाम मैने इस किताब में शामिल किया है

मेरे बड़े बड़े स्वपन

सपने मेरे बड़े बड़े

पूरा करने की आस भी कुछ कम न थी

पर जिंदगी ने ऐसी पलटी खाई

कि ज़िंदगी दुबारा रास्ते पर न आ पाई

तो चलो अपने दुख दर्द सुनाने

के लिए आपका एक दौरा कराऊं

ज़िंदगी के सारे लम्हों से अवगत कराऊं

ज्यादा तो कुछ याद नहीं

पर जितना भी है याद

वही आपको बतलाऊँ

बात है कक्षा दूजी की

जब उन यारों से हुई भेंट

वो भी कुछ अकेले से रहते

इसलिए मेरे यार कहलाते

उन्हीं से मैने खुशहाल जिंदगी जीना सीखा

यारों का संग का मतलब समझा

और फिर उनकी वजह से मुझे एक लड़की से प्यार हुआ

शायद कुछ हद तक जशिका भी मेरे प्यार में गिरने वाली थी

कि उसने वो विद्यालय ही छोड़ दिया

उसने विद्यालय क्या छोड़ा

मेरी जिंदगी मानो मुझे छोड़ गई

पर उस वक्त दोस्त जो थे मेरे साथ

उन्होंने ने मुझे संभाला

पहले जैसा तो न सही

पर मुझे लायक बनाया

फिर कक्षा नौवीं की जो आई बारी

दे गई मुझे दोस्तों से दूर होने वाली बिमारी

न जाने कितने ही कष्ट और दुख सहे जो मैं यहां तक पहुंचा

मेरे बचपन का सपना पूरा होने से पहले ही उठ गया ऊंचा

स्वपन कुछ यूं था की बड़ा सा घर होगा

अमेरिका बीच बाजार में

मैं ऑफिस से आऊंगा

थके हाल में

मेरी बीवी जाशिका मुझसे मेरा बस्ता पकड़ पानी पिलाएगी

और कुछ यूं बुलाएगी अ जी सुनते हो

बच्चे को तो संभालो

पर मेरा यह स्वपन भी रह गया स्वपन

न हो पाया अपन

फिर कितने ही कष्ट सहकर बाहरवी में लिया एडमिशन

चल दो स्वपन न सही तीजे पर रखते हैं ध्यान

क्योंकि भारतीयों के अनुसार करियर ही भड़ाएगा मान

जैसे तैसे घरवालों से लड़ झगड़

बाहरवी के अंत तक पहुंचा

अंत पार करने ही वाला था

हस्पताल के बेड ने पकड़ा

पकड़ा तो पकड़ा

मुझे इस कदर तक जकड़ा

चाह कर भी न निकल पाया from that जाला of मकड़ा

फिर ठीक होकर फिर से करियर पर दिया ध्यान

कुछ इस सम्मान

एनीमेशन का कोर्स किया ज्वाइन

एक साल तो अच्छा खासा गुज़रा

फिर मेरी जिंदगी बन गई मुरमुरा

आगे जिंदगी चल रही है

साथ वही दुख और कष्ट

न जाने कब होगा यह सब नष्ट

मैं और मेरा प्यार

मेरा प्यार

जैसे आसमान में पोल स्टार

कुछ वैसा था मेरा प्यार

पोल स्टार इसलिए

भटके हुए को सही राह दिखाए

आसमान को आखिर तक चमकाए

इसलिए वो ध्रुव तारा कहलाए

बस कुछ वैसा ही था मेरा बचपन का प्यार

बस गलती यही रह गई

उससे दिल की बात कह न पाया

उसके दिल में रह न पाया

शायद इसीलिए उसे अपनी रानी बना न पाया

जन्मे एक दिन

आदतें भी डिट्टो सेम

वो भी कुछ तलक हिचकिचाती थी

बस इन्ही आदतों की वजह से मुझको भाती थी

पर कुदरत को यह भी न था मंज़ूर

किस तरह आपको बतलाऊं

कुछ भी समझ में न आ रहा हुज़ूर

पर उससे दूर रहना भी मुझको न मंज़ूर

यूं ही नहीं लिखना सीखा है

यूं ही नहीं लिखना सीखा है

मेरे जज़्बात तो पढ़ देखो

चख देखो

स्वाद ज़रा सा तीखा है

हम उनकी यादें सुलाते गए

वो हमें भुलाते चले गए

न उनकी यादें सो पाईं

न हमारी आंखें रोने से

खुद को रोक पाईं

मेरी आंखों से निकला

एक एक अश्क

समझ न पाया मेरा कष्ट

जिस दिन समझा

मेरे भीतर से इस कदर निकला

जो मुझे आभास भी न हुआ

मेरा दिल जैसे बन रह गया खेल जुआ

हर जन आता है

दाव लगाता है

कोई जीतता है

कोई बीच खेल में ही हार मान चला जाता है

इसीलिए तो कहता हूं

यूं ही नहीं लिखना सीखा है

यह जो मैं लिखता हूं

एक भिक्षा है

लिखने के लिए

कुछ अपने ही दर्दों से दर्द

उधार लेता हूं

फिर वही उधार

ब्याज सहित चुकाता हूं

कुछ ज़िंदगी का दर्द

तो कुछ प्यार का

कुछ ज़िंदगी का तो कुछ प्यार का

कुछ अपनी ही feelings के व्यापार का

इसीलिए तो कहता हूं

यूं ही नहीं लिखना सीखा है

मेरे जज़्बात तो चख देखो

स्वाद कुछ तीखा है

यूं ही नहीं लिखना सीखा है

दुआएं

दो ही हैं दुआएं उस

पत्थर की मूर्त से

सब कहते हैं दुआ करने से मुरझाया फूल खिल जाता है

और जो उससे सच्चे दिल से मांगो

वो मिल जाता है

पर मुझे नहीं विश्वास

लोगों की इस बात पर

कुछ खास

उसने चैन लिया मुझे बर्बाद कर

बचपन से उसको पूजा

ध्यान न रहता कोई दूजा

मेरे मरने के बाद

मेरी अलग से पहचान लिख देना

मेरे ही खून से मेरे माथे पर

उस मूर्त का नाम लिख देना

बस थी दुआ मेरी पहली

उसी का नाम कर सिमरण

अब तक की सारी मुश्किलें झेली

क्यूं आखिर क्यूं

मुझको ही पड़ता है सब झेलना

जैसे उस भगवन ने मान लिया मेरी जिंदगी एक खिलौना

जो जहां भी फेंको मुड़ उसी के पास आता है

उस खिलौने को बूमरैंग के नाम से जाना जाता है

दूजी दुआ कभी न छूटे उन दोस्तों का साथ

जिन्होंने मुझे ज़िंदगी जीना सिखाया

आगे बढ़ने का राह दिखाया

पर यह भी न था उसको रास

मेरी इस दुआ का भी कर दिया उसने सत्यानाश

न जाने क्यूं उसने

कष्ट देने को मुझे ही चुना

नष्ट हो गया मेरा हर

स्वपन जो मैने कभी था बुना

मेरे हर स्वपन पर

पान जैसे लगा दिया चूना

लिखी तो थी .... की याद में पर।।

तुझे पाने को इस हद तक तड़पे

तुझे क्या बताएं

तेरी यादें न जाने कितनी और रातों की नींदें उड़ाए

मेरा दिन का चैन

और रात की नींद

सब तेरे हवाले

हे मेरे प्यार

प्यार बचपन वाले

तुझे इतना किया प्यार

तू क्या जाने

तेरे ही देखे सपने

न जाने तेरी याद में जतिन ने कितने ही लिख डाले गाने

सब गाने कुछ यूं

कि दोस्ती तेरी मेरी कर पाए ब्यान

तुझसे तब प्यार का इज़हार न कर पाया

क्योंकि तब था मैं नादान

अपनी सारी फीलिंग्स दिल में छुपा रखी

क्या यही था मेरा गुनाह

जो तू मुझे सामने होते हुए भी भूल गई बुलाना

या तेरे मुझसे भी अच्छे कई और दोस्त

बन गए

जो मुझे ही बस तेरी याद सताए

तकरीबन बीत गए १० साल

अब तो लगता है

कुछ कर ही दिखाना होगा कमाल

पर कमाल भी आखिर क्या ही कर दिखाऊंगा

समय ने जो चक्कर घुमाया

क्या उसी के साथ घूमता चला जाऊंगा

जो तेरे समक्ष कामयाब

होने का स्वपन मैने था रचा

क्या हो पाएगा वो सच्चा

मेरे सारे पुराने यार और तू जो मेरा पहला पहला था प्यार

सब मुझसे दूर चले जाएंगे

फिर दुबारा से मुड़ मेरी जिंदगी में न आएंगे

क्या यह सुपर से भी ऊपर सोच रखने वाला जतिन

यूंही सोचता रह जाएगा

और कोई और तुम सबको मुझसे कोई दबोच कर ले जाएगा

बस आखिर में प्रश्न एक

क्या कोई घटेगी मेरे संग घटना नेक

क्या मैं तुम सबको पा पाऊंगा

या बस यूंही मैं कविता लिखता रह जाऊंगा

उड़ती खबर

आ रही है एक खबर

कबूतर जैसे उड़ते उड़ते

पेड़ों के पत्तों जैसे झड़ते झड़ते

कि तुम ज्यादा हवा में उड़ो मत

लौट रहा कोरोना धार अपना नया अवतार

सब हो जाओ लॉकडाउन की कश्ती में स्वार

क्योंकि इसका बस यही है सुधार

अगर करवाना चाहते हो अपना उद्धार

तो हो जाओ लॉकडाउन की कश्ती में स्वार

कोरोना का नया अवतार

ओमिक्रोन जिसका नाम

पर कोरोना से भी भयंकर इसका काम

लक्षण सारे वही उठाए

क्योंकि एक ही परिवार से आए

दोनो का परिवार एक

काम एक

सबको मौत की और फेंक

Elections

अरे वाह रे कांग्रेस सरकार

तेरे कितने ही देखे प्रकार

गरीबों के लिए तो तेरा खजाना सरकारी

रहता खाली

और बटोरने को वोट

लगा दिए करोड़ों में नोट

3 मंजिला पार्किंग

स्मार्ट led लाइट्स

किस काम की

अगर पार्किंग में पार्क के लिए गाड़ी ही नहीं

पढ़ने को हाथ में किताब ही नहीं

तूने फिर से वही काम कर दिखाया

जिससे मैं डरता था

कोई सस्ता सा हॉस्पिटल ही खुलवा देता

जो हर जन चाहता था

जिसकी उम्मीद में तुम्हे वोट करता था

अगर उस पार्किंग की जगह होता एक छोटा हस्पताल

हर जन करता इस्तेमाल

नए डॉक्टर्स को रोजगार मिलता

तुम लोगों का क्या ही जाता

क्या तुम लोगो को पैसा कमाने का डर सताता

Valentine's day

आज मैं आप सबको

बताना चाहूंगा valentines day

की दुखभरी कहानी

एक था राजा क्लॉडियस

कोई न थी उसकी रानी

क्योंकि उसका मानना था

हर सिंगल मनुष्य ताकतवर होता है

बस इसी के इर्द गिर्द घूमती रही यह कहानी

हर प्रेमी जोड़ा मारा गया

उसके हाथों

चलता रहा यह क्रम साल सालों

फिर एक सेंट वेलेंटाइन का हुआ अवतार

उस देश में रोम है जिसका नाम

उस सेंट का यही था मानना

प्रेम रखता वो शक्ति जो थी क्लॉडियस की चाहना

वो सेंट हर प्रेमी जोड़े की शादी कराता

और मूंह मांगा वर पाता

पर राजा क्लॉडियस

यह सब जान गया

सेंट को जेल में फंसा गया

पर फिर भी सेंट ने हार न मानी

ठान लिया था उसने प्यार की ताकत सबको है बतानी

फिर उसी जेल की अंधी वार्डन को हो गया प्रेम सेंट से

मान लिया उसने जैसे सेंट मिले हो उसे भेंट में

रोज सेंट के पास जाती

दिल की हर उसे बताती

फिर आ गया 14 फरवरी का दिन

कैसे जी पाती वो लड़की

अपनी आंखों और सेंट के बिन

अपने आखरी पलो में सेंट ने अपने हाथ उसकी आंखों पर
घुमाए

अपनी जगह उसको आंखें दान कर आए

और फांसी के तख्त पर झूल कर सबको प्रेम समझा गए

यह सब मैं नहीं

खुद कहती है रोम की इतिहासिक किताब

जिसे जानने को कितने वर्षों से था मैं बेताब

इन दिनों मेरी किताब

इन दिनों मेरी किताब

कुछ बोलती नहीं

दिल में दफ़न अरमान

खोलती नहीं

इन दिनों मेरी किताब

कुछ बोलती नहीं

क्या इसीलिए मैं

जानी, अरिजित सिंह तरह नहीं लायक

लिख पाऊं गाने

हिंदी,पंजाबी,इंग्लिश,नए या पुराने

गाने भी लिखने की बहुत की कोशिश

कि सुना पाऊं इन अ संगीत महफिल

पर कुछ कर न पाया

और तकदीर जाने न यह शक्स

कर पाएगा

क्या मेरा यह काव्य टैलेंट ऐसे ही बेकार जाएगा

या इसको भी कोई आसमान की बुलंदियों तक ले जाएगा

रवींद्र नाथ टैगोर और हरिवंश राय बच्चन

कुछ न कुछ हासिल किया कविता के दम पर

तो मैं क्यों नहीं

कुछ हासिल कर सकता

आने वाले गानों से इसके दम पर लड़ सकता

वो तो शुक्रिया मिथुन मंडल सर का

और कुछ न सही

मुझको यह काव्य टैलेंट प्रदान कर गए

मेरी एक किताब पब्लिश करा गए

नोशन प्रेस और अमेजन पर उपलब्ध करा गए

मेरी जिंदगी में मसीहा बन आए थे

कुछ तो उद्धार करा गए

Happy lohri

आ गया है त्योहार लोहरी

आशा करता हूं सब अमीर

जैसे अंबानी अडानी और मोदी

सब के पास से दुला भाटी करे चोरी

यह मैं नहीं दे रहा कोई बददुआ

दुला भाटी वही इंसान जिसने सब गरीबों

को पैसा देकर बढ़ाया उनका मान

लोहरी के पीछे का यह था कारण पहला

दूजा कुछ यूं है कि सब को मिलेगा खाने को अन्न नया नवेला

जो लोहरी के दिनों में होगी राबी फसलों की कटाई

हर किसान होगा खुश कि उनकी मेहनत रंग लाई

हर जन के पेट में अन्न जाएगा

कोई भी जन भूखा न सौ पाएगा

कुछ तो वो खाएगा

यहीं से करता हूं तीसरे कारण की शुरुआत

मारकर सभी नेगेटिव थॉट्स को लात

गोबर के उबले

सूखी घास

सब जलाएंगे

सब अपनी तरक्की की राह सजाएंगे

राह कुछ यूं कि किसानों का नव वर्ष

मनाया जाएगा

सभी बुरी आदतों को भगाया जाएगा

अब करता हूं कविता का अंत

लोहरी की शुभकामनाओं के संग

Happy New year

नए साल की नई शुरुआत

कुछ पुराने पलों के साथ

पुराने पल कुछ ऐसे

भूल न पाए जिसे

जैसे विद्यालय में हुई वो तारीफ पहली

और मम्मी का रोकना खाने को वो जेली

स्कूल में वो दोस्तों के संग रहना

जैसे वो दोस्त ही हो अनमोल गहना

स्कूल का वो पहला पहला प्यार

और हर सुबह सोचना कभी तो होगा कोई चमत्कार

चमत्कार कुछ यूं

कि कोई तो होगा स्वपन साकार

पर धीरे धीरे पता चला

स्वपन पर ऐसा विश्वास

रखना होता है बेकार

स्वपन न जाने कितने ही देखे

कितनों पर किया अमल

पर कोई भी स्वपन न हो पाया असल

पर आस अब भी न छोड़ूंगा

जो कुछ चाहा पाकर ही रहूंगा

ऐसी ही शुभकामनाओं के साथ

करता हूं नए वर्ष की शुरुआत

और मारता हूं सभी नेगेटिव थॉट्स को लात

कोशिश

कौन कहता है

कोशिश करने वालों की हार नहीं होती

खुद से मेहनत करने वालो की मार नहीं होती

कौन कहता है!

आखिर कहता ही कौन है

अगर तुम लोगो को नहीं मुझ पर यकीन

की कैसे हो सकती है यह बात मुमकिन

तो सुनलो मेरी यह कहानी

जो आज मैं सुनाता हूं

अरमान जो कभी कर दिए थे दफन

उनको कब्र में से बाहर लाता हूं

कितनी ही की कोशिश खुद को करने की कामयाब

रहता था हर पल बेताब

न तो कामयाबी मिली

न ही बचपन वाले वो यार

जिनसे था मेरा सुखद संसार

अपनी हर खुशी

हर गमी उनको बताता

चाहे खुशी हो या गमी

उनमें से एक न एक यार हर बात पे हंसाता

यह जो जतिन लिख रहा

आप बीती घटना का ब्यान

नहीं चाहता वो किसी से अपना या

अपने यारों का गुणगान

केशव,विवेक,आकाश और कारण जैसे यार

जिनके होने से आए ज़िंदगी में बहार

वो थे मेरे यार

कैसे थे मेरे यार

आपको क्या ही बताऊं

चलो छोड़ो इन सब बातों को

उनका एक दर्श ही कराऊं

फिर इस कविता के मुद्दे पर आऊं

कविता की थी शुरुआत कुछ ऐसे

कोशिश करने वालों की हार न होगी कैसे

कुछ इस प्रकार

मैंने अपने सपनों को दिया आकार

कि कोई भी न रोक पाता उनको होने से साकार

पहला स्वपन कुछ कर दिखाने की अटूट आस

मेहनत की इतनी कि कभी कभी भूल जाता लेनी सांस

पर फिर समय ने ऐसा चक्कर घुमाया

मुझे सीधा हस्पताल के बेड पर लिटाया

सभी पुराने यार और मेरा वो एकलौता प्यार

फिर जैसे तैसे करीब गुज़र गया वर्ष एक

फिर से बनाने पड़े दोस्त अनेक

पर उन जैसा कोई भी संपर्क में न आया

जैसे तैसे कक्षा बाहरवी का मैं समय लाया

मुश्किल से एक दोस्त बनाया

पर फिर से समय ने वही चक्कर घुमाया

मुझे फिर से हॉस्पिटल के बेड पर लिटाया

पर मुझे फिर से वो दोस्त गवाना पड़ा

जिसके साथ कामयाब होने का मंत्र रचा

पर कोई फायदा न बचा

आखिर क्यों

क्यूं! आखिर क्यूं

क्यूं मेरी ही किस्मत पर लग रखे है ताले

कुछ का रंग सफेद(खुशी वाले)

तो कुछ काले(गम वाले)

क्यूं! आखिर क्यूं

क्यूं मेरी ही किस्मत पर लग रखे है ताले

कुछ का रंग सफेद(खुशी वाले)

तो कुछ काले(गम वाले)

आखिर किसी का क्या ही था बिगाड़ा

जो झेलना पड़ा मुझे यह ताला काला

सबका किया सम्मान

किसी का भी न होने दिया अपमान

जैसा कि बचपन पड़ता आया हूं

जितना करोगे अपमान

उतने ही होगे आपके साथ बुरे काम

तो आखिर मैंने किसी का क्या ही ऐसा अपमान कर डाला

जो मेरी किस्मत पर लग गया यह काला ताला

पहला ताला लगा तब

जब जाना पड़ा उन दोस्तो से दूर

फिर भी जतिन ने कोशिश न छोड़ी

ज़िंदगी की कर मेहनत वापिस रास्ते पर ले आया डोरी

नए यार बनाए

उनसे ढेर सारे प्यार पाए

पर ज़िंदगी को यह भी न था मंज़ूर

ले आई फिर से वही पल आदमखोर

उस वक्त तो मेरे रक्षक ने भी कर दिया था इंकार

ले जाइए इसको यहां से बाहर

बस मेरी माता और पिता जी का ही था विश्वास

मैं बच पाया जो उन्होंने रखी आस

पर मैं यह सब नहीं था चाहता

क्योंकि मेरा वही दर्द

मेरा स्वप्न बन बार बार मेरे सामने जो आता

मैं यही सब तो नहीं चाहता

अब तो नए दोस्त बनाने का समर्थ नहीं बचा

हर जन प्रतीत होता दोस्ती यारी में कच्चा

अब कुछ कर नहीं सकता

यह दर्द सह नहीं सकता

मनचाहा करने की उम्मीद रखता

पर वो कर नहीं सकता

ज़िंदगी छोड़ नहीं सकता

आंखे मूंद रो भी नहीं सकता

तो आखिर करूं क्या

ਇੱਕ ਲਵ ਗਾਣਾ ਲਵ ਵਾਸਤੇ

ਜਿਵੇਂ ਫੁੱਲਾਂ ਦਾ ਰਾਜਾ ਆ ਗੁਲਾਬ

ਓਵੇਂ ਹੀ ਤੂੰ ਬਣ ਚੁੱਕੀ ਆ ਮੇਰੇ ਦਿਲ ਦਾ ਖ਼ਵਾਬ

ਤੇਰੇ ਤੋਂ ਦੂਰ ਜਾ ਨਹੀ ਸਕਦਾ

ਨੇੜੇ ਤੇਰੇ ਆ ਨਹੀ ਸਕਦਾ

ਪਿਆਰ ਦਾ ਇਜ਼ਹਾਰ ਕਰ ਨਹੀ ਸਕਦਾ

ਤੇਰੇ ਤੋਂ ਦੂਰ ਜਾ ਨਹੀ ਸਕਦਾ

ਜਿਵੇਂ ਤੂੰ ਜਤਨਿ ਦੀ ਕਲਮ

ਤੇ ਮੈਂ ਤੇਰਾ ਜਤਨਿ

ਜਤਨਿ ਤੋਂ ਇਸ ਗੱਲ ਦਾ ਕਹਾਂ ਵੀ ਨਹੀ ਹੁੰਦਾ

ਪਰ ਤੇਰੇ ਤੋਂ ਬਗੈਰ ਰਹਾਂ ਵੀ ਨਹੀ ਹੁੰਦਾ

ਫੁੱਲਾਂ ਦਾ ਰਾਜਾ ਗੁਲਾਬ

ਤੂੰ ਬਣ ਰਹਾ ਗਈ ਮੇਰੇ ਦਿਲ ਦਾ ਖ਼ਵਾਬ

ਤੇਰੇ ਨਾਲ ਜ਼ਿੰਦਗੀ ਬਤਿਉਣ ਦੇ ਸਪਨੇ ਵੇਖੇ ਹਜ਼ਾਰ

ਪਰ ਕੀ ਫਾਇਦਾ ਤੂੰ ਬਣ ਰਹਾ ਗਈ ਮੇਰੇ ਦਿਲ ਦਾ ਖ਼ਵਾਬ

ਤੇਰੀ ਜਦਾਈ ਨੇ ਵੀ ਐਸਾ ਅਸਰ ਵਖਾਇਆ

ਮੇਰੇ ਇਹਨਾਂ ਨਕਿੰਮੇ ਹੱਥਾਂ ਵਿਚ ਪੈਨ ਤੇ ਪੇਪਰ ਫੜਾਇਆ

ਮੇਰਾ ਦੱਖ ਪੂਰੀ ਦਨੀਆ ਨੂੰ ਸਣਾਇਆ

ਬੱਸ ਇਕ ਪੈਨ ਤੇ ਪੇਪਰ ਫੜਾਇਆ

ਤੇਰੇ ਨਾਲ ਬਤਿਏ ਹਰ ਪਲ ਯਾਦ ਆਉਂਦੇ ਨੇ

ਕਦੇ ਮੈਨੂੰ ਰਵਾਉਂਦੇ ਨੇ ਕਦੇ ਗਾਉਣ ਲਾਉਂਦੇ ਨੇ

सर्दी

आ गया फिर वही सीजन

अब शुरू होंगे बच्चों के नए नए रीजन

पेट में दर्द है

सिर बड़ा खुदगर्ज है

हां हां वही सीजन

सर्दियों का सीजन

सर्दी कारण सब लोगों ने निकाल लिए

अपने कंबल और रजाई

और किसी की हो गई सगाई

किसी के घर नया मेहमान आएगा

और कोई खुद ही कंबल में लिपटा जाएगा

सभी त्योहार फिर से लौट आए

मूंह में भरने को मिठास मिठाइयां लाए

सब त्योहार मतलब

रक्षा बंधन,दशहरा,दिवाली

और अब आने वाली है नए साल की बारी

यह सर्दी न जाने कितना कुछ है लाई

बच्चों के लिए छुट्टियां

और बड़ों के लिए अवसर हज़ार

किसी की ज्वाइनिंग

तो किसी की रिटायरमेंट

तो कोई लगा रहा है भरपूर सेंट

न नहाने के बहाने

तो कोई कर रहा समय बर्बाद

गा कर खूब गाने

फिर वही सीजन

क्या शहर

क्या गांव

क्या छोटा बड़ा तबका

प्यार उमड़ा जा रहा धूप पर सबका

छा गया धूम कोहरा चारों और

बढ़ने लगा शोर फोर पतंग एंड डोर

नए साल और त्योहारों का है सिर्फ एक बहाना

हमको तो है सब साथ खुशी मनाना

ਤੈਨੂੰ ਪਿਆਰ ਤਾਂ ਕਰਦਾ ਆ

ਤੈਨੂੰ ਪਿਆਰ ਤਾਂ ਕਰਦਾ ਆ

ਪਰ ਕਹਿਣ ਤੋ ਡਰਦਾ ਆ

ਕਿਤੇ ਤੂੰ ਹੋਜੇ ਗੁੱਸਾ

ਮੈ ਘਰ ਬੈਕੇ ਰੱਸਾ

ਖੁਦ ਨੂੰ ਦਵਾਂ ਤਾਨੇ

ਫੇਰ ਗਾਵਾ ਸੱਡ ਗਾਨੇ

ਹਿਮਤ ਕੀਤੀ ਤੈਨੂੰ ਇੱਕ ਵਾਰ ਕਹਿਣ ਦੀ

ਉਮੀਦ ਸੀ ਤੇਰੇ ਦਿਲ ਚ ਰਹਿਣ ਦੀ

ਪਰ ਤੂੰ ਕਰਤਾ ਫ੍ਰੈਂਡਜ਼ੋਨ

ਮੇਰੇ ਦਿਲ ਤੇ ਲੱਗ ਗਿਆ ਮਾਂ

ਤੇਰੇ ਸਪੁਨੇ ਵੇਖ ਵੇਖ ਲੰਗ ਗਿਆ ਸਾਲ

ਕੀ ਦਸਾ ਕਿਸੇ ਨੂੰ ਦਿਲ ਦਾ ਹਾਲ

ਸੋਚਾਂ ਤੇਰੇ ਬਾਰੇ ਦਿਨ ਤੇ ਰਾਤ

ਤੂੰ ਹੀ ਮੇਰੀ ਜ਼ਿੰਦ

ਤੂੰ ਹੀ ਜਾਨ

ਤੇਰੇ ਨਾਲ ਹੀ ਮੇਰਾ ਮਾਨ

ਤੇਰੇ ਨਾਲ ਹੀ ਸਨਮਾਨ

ਨਹੀ ਹੋਣਾ ਚਾਹਦਾ ਤੇਰੇ ਤੋਂ ਦੂਰ

ਭਾ ਗਿਆ ਤੇਰੀ ਅੱਖੀਆਂ ਦਾ ਨੂਰ

ਵਾਦਾ ਆ ਮੇਰਾ

ਤੈਨੂੰ ਖੁਸ਼. ਰਖਾਂਗਾ ਜਰੂਰ

ਤੈਨੂੰ ਵੇਖੇ ਬਿਨਾ ਨਹੀ ਮਲਿਦਾ

ਮੇਰੇ ਦਿਲਿ ਨੂੰ ਸਕੂਨ

ਤੈਨੂੰ ਪਾਨਾ ਹੀ ਬਣ ਗਿਆ ਮੇਰਾ ਜਨੂਨ

ਦਿਲਿ ਨਹੀਓ ਲਗਦਾ ਤੇਰੇ ਬਿਨਿ

ਜਿਵਿੰ ਤੂੰ ਅਲਾਦੀਨ ਤੇ ਮੈ ਜਨਿ

ਜਨਿਆ ਹੋ ਗਿਆ ਮੁਸ਼ਕਲ 1-1 ਦਿਨਿ

ਕਵਿੰ ਬਤਾਵਾ ਤੇਰੇ ਬਿਨਿ 1 ਵੀ ਦਿਨਿ

ਹਣ ਕਰਨ ਜਾ ਰਿਹਾ ਹਾਂ ਅੰਤ

Prabh ਤੇਰੇ ਬਿਨਾ ਬਣ ਨ ਜਵਾਸੰਤ

डेंगू

कोरोना पश्चात

डेंगू ने पैर फैलाया

कभी किसी को तो कभी किसी को अपना शिकार बनाया

कोरोना पश्चात

डेंगू ने पैर फैलाया

हर गली , हर मोहल्ला

डेंगू से पीड़ित है

हर जन चाहता होना सुख हरित है

हर जन डेंगू से पीड़ित है

कोई न बचा इससे हरित है

कुछ लोग कह रहे इसको

कोरोना की तीसरी लहर

बस यही दे रहा पूरी दुनिया पर पहर

सब लोगों को लगता है यही है कोरोना की तीसरी लहर

इस डेंगू कारण कितने ही लोगों ने अपनी जान गवाई

मेरा भी यही है ख्याल कोरोना की तीसरी लहर आई

इस डेंगू का रूप धारा

कोरोना का नया अवतार मार्किट में उतारा

डेंगू ने पैर फैलाया

कभी किसी को तो कभी किसी को अपना शिकार बनाया

कोरोना पश्चात इस डेंगू ने पैर फैलाया

पैर क्या फैलाया सबको अपना शिकार बनाया

सबको अपना शिकार बनाया

इसका भी मेरे ख्याल से यही है उपचार

जितना हो सके उतना साफ रखो अपना घर द्वार

शायद तू मुझे भूल गई

शायद तू मुझे भूल गई

अपने आप में इतना घुल गई

शायद तू मुझे भूल गई

न जाने मैं तुझे याद याद भी हूं या नहीं

पर तू मेरे हृदय में इस कदर तक बस गई

शायद तू मुझे भूल गई

न जाने मैं तुम्हारे घर कितनी दफा आया

पर अपने प्यार का इजहार एक बार भी कर न पाया

कितनी ही बार मेरी अंगुलियां तुम्हारे घर की घंटी भी बजा गई

पर तू बाहर न आई

इसी कारण मुझे लगता

शायद तू मुझे भूल गई

मेरे हृदय ने भी तुझे कितना बुलाया

पर तेरा सामने से दर्श हो न पाया

अपनी छठी कक्षा की आखरी मुलाकात

तू कैसे भूल गई

अपने आप में इतना घुल गई

तू शायद मुझे भूल गई

मुझे आज भी याद है

कक्षा पांचवी का वह साल

जब नरेश सर ने रखा था

तुम्हारा वो निक नाम

नाम था यों जैसे

चीन की कोई परी

इतना सब बीतने पश्चात

कैसे तू भूल गई

अपने आप में इतना घुल गई

शायद तू मुझे भूल गई

मैं कोई लेखक नहीं

मैं कोई लेखक नहीं

हूं एक आम इंसान

बस लिखता हूं आपबीती

घटना का ब्यान

ब्यान लिखता हूं दिल से

नहीं निकालता किसी चूहे की बिल से

रिश्ता (परेशानियों से)

मैं नहीं जानता कोई रिश्ता

नहीं जानता कोई फरिश्ता

पर एक रिश्ता नया है बना

उस जैसा कोई नहीं घना

रिश्ता मेरा दुखों से

मेरा परेशानियों से

इतना घना इस रिश्ते को हर पल छोड़ना चाहूं

इस रिश्ते से अपना मुख मोड़ना चाहूं

पर ये मेरा पीछा छोड़ने को तैयार नहीं

मेरे सुख का मुझसे कोई प्यार नहीं

इसीलिए तो कोई मेरा यार नहीं

जैसे मेरी कविता लास्ट (last)

मुझे मेरा हर पल याद दिलाए मुझे मेरा पास्ट (past)

मुझे मेरी वो पुरानी यादें

मेरे वो पुराने वादे

जो खुद से कभी थे किए

जो पूर्ण न हुए

न जाने किस लिए

अगर सबका कहना माना जाए

तो सारा दोष मेरे कर्मों का ही जाना जाए

पर मेरा नहीं यह मानना

मुझे कुछ नहीं और जानना

नहीं चाहिए कर्मों का यह खेल घिनौना

मेरी जीवनी

मेरी जीवनी

साल १९९९(1999) का जन्म

बस २०१३(2013) में सब हो गया खत्म

कुछ न बचा करन को

मेरी जिंदगी हो गई मरण को

न ज़िन्दगी में हंसी बची न खुशी

बस महसूस किया जैसे हो गई मुझसे खुदकुशी

लोगों का कहना माना जाए तो

सब फल है पिछले जन्म के कर्मों का

बस भारत फंसा रह गया इस खेल में जो कहलाता धर्मों का

कितनी ही फिल्में बनाई गई बचने से यह खेल

पर भारत न निकल पाया फ्रॉम दिस जेल

Omg में परेश रावल

Pk में आमिर खान

समझाते समझाते दुनिया छोड़ गए

पर भारतवासी न इस बात को समझ पाए

शायद मेरे खयाल से मैं विषय से भटक रहा हूं

इसलिए सीधा मुद्दे पर आता हूं

मेरी जीवनी की चल रही थी बात

साल २०१३(2013) से हस्पताल में गुजरी मेरी हर रात

साल ट्वेंटी थर्टीन से आ गया ट्वेंटी ट्वेंटी न तो हुई भेंट उन पुराने दोस्तों से

और न ही खुद के प्यार से

मुझे मेरा यार भी भूल गया

मुझे मेरा प्यार भी भूल गया

कोई आज कैनेडा तो कोई चंडीगढ़

तो कोई पटियाला में बैठा है

पर मेरे लिए तो सब लोग मेरे दिल में रहता है

अब क्या बताऊं और मैं अपनी फूटी किस्मत का किस्सा

जिसको भी बताया वो बन गया मेरी ही किस्मत का हिस्सा

ज़िन्दगी

ज़िन्दगी

आज बुरा वक्त

कल अच्छा आएगा

यह जिंदगी जिंदगी नहीं साहब

है संघर्ष का खेल

आज कोई कल कोई और परसों कोई और आएगा

पर आपकी परेशानी कोई न सुलझाएगा

सुनलो मुझसे आज जिंदगी का कठोर सच

यह जिंदगी जिंदगी नहीं

है परेशानियों का दलदल

जितना होगा प्रयास

उतनी होगी नाकाम आपकी आस

इस दलदल का एक ही है हल

जितना लड़ सकें उतना परेशानियों से लड़

तेरे बिन जिया इतने साल

तेरे बिन जिया इतने साल

मौत भी अब दूर नहीं

तेरे वो रेशमी बालों की झनझनाहट

मुझसे दूर तू मुझे कबूल नहीं

मुझसे दूर तू मुझे कबूल नहीं

तेरी मेरी पहली मुलाकात

बना गई मुझे तेरे दिल का मेहमान

तुझे पाने के लिए तू कहे तो

करदू एक धरती आसमान

तू क्यों है मुझ से दूर

तुझ बिन बड़ा हूं मजबूर

अपनी वो पहली मुलाकात

बन गई मेरे लिए सौगात

बन गई मेरे लिए सौगात

एक क्षण खुशी देकर कहां

जाकर तू बस गई

बस तेरी यादें ही मेरे दिल में घर कर गई

घर कर गई

इस बात का डर कर गई

घर कर गई

चाहे मैं था नाकाम

सीखने में वह वाहन

साइकिल जिसका नाम

तू मुझे वह चलाने के लिए बेबस कर गई

बस तेरी ही यादें घर कर गई

तूने मुझे साइकिल सिखाया

कितनी बार अपने घर भी बुलाया

पर तुझसे कभी कह न पाया

कि मैंने तुझे कितना चहाया

तुझे मिलने की अब भी बरकरार है एक आस

न जाने दूंगा तुझे खुद से दूर

इक बार आजा मेरे पास

रोज़ गुजरता हूं पास से तेरे घर के

चाहता हूं पूछना तेरे बारे में

पर हर बार हट जाता हूं पीछे

तेरी इज्जत जाने के डर से

कितना ही किया fb और insta स्क्रॉल

पाने को तेरा एक दर्श

पर मिला तो मुझे बस यही मिला

एक मिट्टी से लथपथ फर्श

आशा अब भी न जाने दूंगा

तुझे पाकर ही रहूंगा

बस यही तुझ्से कहना चाहूंगा

अगर तू मिल जायेगी तो जी पाऊंगा

नहीं तो मर जाऊंगा

नहीं तो मर जाऊंगा

सुन लो एक कहानी जो आज मैं सुनाता हूं

सुन लो एक कहानी जो आज मैं सुनाता हूं

बचपन की उन बिछड़ी यादों को बाहर मैं लाता हूं

बचपन के भी वो क्या दिन थे

उन्हीं दिनों की कहानी rap रूप में सुनाता हूं

वो चुटकुला हाथी की पूंछ

और वो बहन की मूंछ

क्या मस्त थे वो दिन

वो दिन भर दोस्तों के संग रहना

सागर में आवारा पानी जैसे बहना

क्या मस्त थे वो दिन

न जी पाऊंगा उन दिनों के बिन

अजब सी ख्वाइश के साथ जीता हूं

उन बचपन की यादों के मीठे घूंठ

उन पलों को क्यों छोड़ा

इन्ही कड़वे घूंट संग पीता हूं

सुन लो एक किस्सा जो मैं आज सुनाता हूं

बचपन की उन बिछड़ी यादों को बाहर मैं लाता हूं

बचपन के उन दिनों को न भूल पाऊंगा

वही यादें आज मैं सुनाऊंगा

वो झूठ का रोना

विद्यालय से दूर भागना

न भूल पाएंगे

और न भूलना चाहेंगे

उन पुराने दोस्तों से फिर मिलना चाहता हूं

वही बचपन वाली ज़िंदगी फिर जीना चाहता हूं

अब तो उम्र साथ

जिम्मेदारी भी बढ़ गई

आने वाले दिनों की चिंता मन ही मन

घर कर गई

फिर से मुझे बचपन जीना है

अजब सी ख्वाइश है मेरी

उस दौर में वापिस जाना है

इक दिन के लिए ही सही

दादी की लोरी का वो दुलार

और स्कूल का वो पहला पहला प्यार

कैसे भूल जाऊं

वो बीते बचपन के दिन

फिर से वही दिन

वही ज़िंदगी जीना चाहूं

वो बचपन था बहुत मस्त

बस यही कहना चाहूं

कैसी यह हल्की सी जिंदगी पर भारी सा भोज

कैसी यह हल्की सी जिंदगी

पर भारी सा भोज

पैदा हुए एक बार

मर रहे हैं रोज

क्या इसीलिए जन्म लिया

खुद से खुद को अवगत किया

ओ ज़िंदगी तू मुझे यह समझा

हर जन कहता है यही

कि जो कुछ भी बीतता है

है उस प्रभु की मर्ज़ी

और हमारे कर्मों का परिणाम

तो मुझको यह बता आखिर क्या ही किया था मैंने

और मेरे परिवार ने ऐसा काम

जो बचपन से लेकर अब तक रहें हैं भोग

ओ प्रभु तेरे कारण ज़िंदगी बन रह गई है जोक

ज़िंदगी के भी अजब ही खेल निराले

ज़िंदगी के भी अजब ही खेल निराले

इसने मुझे उनसे दूर किया

जो तैयार थे मुझ पर जान देने वाले

मेरे वो यार

यारी दोस्ती में मतवाले

मुझपर से जान देने वाले

मेरी हर मुसीबत को मुझसे दूर भगाने वाले

उनसे ही सीखी मैंने पहली गाली

कैसे भूल जाऊं वो नमूने

जिनके साथ बिताई मैंने अपनी यादें पूरानी

मेरे लिए थे वो खुदा के घर से फरिश्ते फरार

कुछ गए पकड़े

कुछ हो गए मेरे यार

चाहे हम अब हैं कितने भी दूर

पर दिलों में अभी भी है वही नजदीकी

और एक दूजे के लिए वही प्यार

वो थे मेरे सच्चे यार

दोस्ती का उनके समक्ष वो सच्चा रिश्ता

सालों पश्चात रुला गया

मुझे कुछ और तो नहीं पर

एक कवि ज़रूर बना गया

अब क्या बताऊं मैं आपको

अपनी और उनकी नादानीयों के किस्से

किस्से खट्टे मीठे

पास में जिसके नहीं कुछ

वो तो जलेगा

जिसके पास सब कुछ

वो जलाएगा

तुम लोग जैसे यार पाने

वाला हमेशा तरसाएगा

तुझे तो याद ही होगा अपना वो पल

जब हम अपने डरावने सपने एक दूजे

को बताते थे

और हंसते हंसते डर जाते थे

तुमको सच बताऊं तुम दोस्त मतलबी नहीं

सब पर जान छिड़कने वाले हो

इसीलिए तो मेरे यार हो

मुझे आज भी याद है वो अपनी दोस्ती का वो पहला पल

न भूलां हूं न भूल पाऊंगा

चाहे आज हो या कल

तुमने मुझे सीढ़ियों से उठाया

फ्रेंडशिप का मतलब समझाया

आज तुम तीनों में से कोई

देश से बाहर है

कोई खुद में ही समाचार है

इसीलिए तो तुम लोग मेरा यार है

वो एक दूजे को अपनी कल्पना बताना

अपने सपने समझाना

न भूलपाऊंगा

न भूलना चाहूंगा

दुनिया बनाने वाला भगवान
दुनिया चलाने वाला किसान

दुनिया बनाने वाला भगवान

दुनिया चलाने वाला किसान

न धूप सुलगती

न ही बारिश तेज

उसको पाई है रोक

न रोक पाएगी

सोचो तुम भी ज़रा सा

अगर किसान अन्न न उगाएगा

तो देश का पेट कौन भर पाएगा

दुनिया बनाने वाला भगवान

दुनिया चलाने वाला किसान

क्यूं वो किसान यह सब झेलता

जब उसको पता उसको इन्साफ नहीं मिलता

तो वो क्यूं यह सब झेलता

तो वो क्यूं इस गर्मी से खेलता

गर्मी से खेलना उसका शौंक नहीं

फ़र्ज़ है

दुनिया बनाने वाला भगवान

दुनिया चलाने वाला किसान

चाहे वो किसान अनपढ़ या ग्वार

हम क्यूं समझते हैं खुद को देश का ताज

अगर वो किसान फसल न उगाएगा

तो देश का अरबपति भी भूखा मर जाएगा

अब हर इंसान को चाहिए इंसाफ

चाहे उसका दिल अच्छा या किसी के खिलाफ

तो वो क्यूं वो किसान बिन इंसाफ

यह मोदी सरकार

क्यूं उस किसान खिलाफ

देश के रक्षक का रक्षक किसान

मेरा यही है अरमान

खुश रहे को किसान

मेरी दुखभरी ज़िन्दगी

मेरी ज़िन्दगी हो रह गई है दुखभरि

दुखों से भरी

कोई तो करदो मेरे हंसी के पलों को चमकादो जैसे है

मेरी ज़िन्दगी हो रह गई है दुखभरि

दुखों से भरी

सबसे पहले तो यारों से बिछड़ने का दुख

क्यूं मैंने उनसे मोड़ा मुख

फिर से वैसे ही यार बनाए

फिर वैसे ही मेरे साथ न रह पाए

क्यूं ऐसा मेरे साथ ही होता है

मेरे सपनों का पन्ना मेरी तरह रोज़ ही सोता है

क्यूं ऐसा मेरे साथ ही होता है

क्यूं ऐसा मेरे साथ ही होता है

कितने ही सपने

देखे थे उन यारों के साथ

पर क्या था पता

क्या होगा इन सबके बाद

कुछ तो है मेरी ज़िन्दगी के साथ गढ़बढ़

विश्वास नहीं रहा उस नाम पर महादेव हर हर

दिन रात करता सिमरन उसका नाम

कोई परवाह न होती किसी भूल जाता है एक काम

पर उसने न कभी मेरेको सुना

कभी भी न अच्छी किस्मत देने को मुझे चुना

क्यूं ऐसा ही मेरे साथ होता है

उसका सच्चा भक्त ही

उसके कारण रोता है

उसका सच्चा भक्त ही

उसके कारण रोता है

कभी न सोचा था ऐसा मोड़ आएगा

घर का सबसे प्रिय सदस्य

हमको छोड जाएगा

ऐसे माहौल में न मैं रह पाऊंगा

पता तो है यह सबको मृत्यु है सबकी निश्चित

अगर ऐसे ही दुखभरा स्थिति

चलती रही तो

तो मैं भी ज्यादा इस दुनिया में टिक न पाऊंगा

नशा

नशा

खुद से खुद दूर जाना

अपना परिवार छोड़

गुटखा,तम्बाकू खाना

यही है नशे कि परिभाषा

जो तुम यह दिन रात चबाते हो

खुद को नशे में चूर बताते हो

आखिर क्या दुनिया को बताना

चाहते हो

ग़म तो है सब के जीवन में

क्यूं यह नशा करते हो कराते हो

आखिर क्यों खुद से खुद से दूर जाते हो

नशे से आखिर मिलता ही है क्या

हे नशेड़ी तू ही मुझे बतला

दुख से गर दूर जाना चाहते हो

तो चेहरे पर काली ज़ुबान नहीं

हंसी की मुस्कान लाओ

दुनिया को दुख से बचने का उपाय बताओ

छोड़ यह नशा

खुद को खुद से अवगत कराओ

पर खुद को खुद से और अपने परिवार से दूर न भगाओ

मैं नहीं जानता लोगो को आखिर मिलता ही क्या है

इस नशे से

मिलता ही क्या है इसमें फंसने से

यह आदत है ऐसी

जो तुमको और तुम्हारे परिवार

को एक साथ ले डूबेगी

फिर कोई भी तरकीब तुम्हे

बचा न पाएगी

अभी भी तुम पास

समय बहुत बचा है

मेरी बात मानो इसकी

मौत ही सजा है

छोड़ अपनी ज़िन्दगी

के गम सारे

खुशी से ज़िन्दगी

जियो

नशे कि आदत को

खुशी की आदत में बदलो

ज़िन्दगी खुशी से

और safely जियो

मुझे लौटा दो

मुझे लौटा दो

मेरे स्कूल के दिन

मेरी स्कूल की ज़िन्दगी

रोज़ सुबह जल्दी उठना

रोज़ न नहाने के लिए जिद्द करना

हाथ में एक दूध का गिलास

और कांधे पर वो भारी बस्ता

रोज़ स्कूल के लिए वही रस्ता

कभी साइकिल तो

कभी रिक्शा

लौटा दो मुझे वो दिन

नहीं रह सकता मैं उन दिनों

के बिन

अरे वो मेरे पक्के यार

और वो बचपन वाले खिलौनों से प्यार

वो स्कूल में दोस्तों के साथ खेलना

वो टीचर्स की डांट को जान बूझ कर झेलना

क्या मस्त थे वो दिन

स्कूल में लगता था बड़े होजाएंगे

ज़िन्दगी खुशहाल जीयेंगे

पर क्या था पता

बड़े होने के बाद

ज़िन्दगी मज़ा नहीं बन जाती है सजा

कांधों पर अपने

परिवार का बोझ

कांधों पर अपने

करियर का बोझ

यह सब उठाना पड़ता है

कोई हो न जाए गलती डर लगता है

क्यूं वो ज़िन्दगी छोड़ी या छोड़नी पड़ी

खुद से खुद को अवगत कराने कि लड़ाई लडी

अरे वाह रे भारत

अरे वाह रे भारत

चाय बेचने वाला

तुझको बेचने चला है

तेरे नाम जय जयकार

करने वाला

तेरे खिलाफ नारे लगाने लगा है

मैं नहीं जानता उसका ज़मीर

जागता है या सोने लगा है

पहले तो खुद चाइना जाकर

उनसे हाथ मिलाता है

फिर उसी देश के सामान पर

रोक लगाता है

उससे मुझे पूछने

है कई सवाल

जो मचा देगा उसका बवाल

2013 में इलेक्शन से पहले

कितने ही किए थे वादे

कि कोई भी गरीब

गर्मी में न सोएगा

सब के पास रोटी बनाने

को एक चूल्हा तो ज़रूर होएगा

किसी भी घर का टैंक पानी

से वंचित न रहेगा

कोई भी गरीब भूखा

प्यासा न सोएगा

इस ही साल की है बात

देश को आत्म निर्भर बनाने को

कहता है

और आत्म निर्भर

की बजाए निर्भरता का मंत्र

सिखाता है

टीवी में बहुत कुछ दिखलाता है

पर मुझे उसकी किसी भी बात पर

विश्वास न आता है

आखिर क्यूं वो यह सब दिखलाता है

या सिर्फ भोली जनता के सामने

अपने नंबर बनाता है

सफ़र कवि बनने का.........

मेरे कवि बनने का सफ़र न आसान था

पर ज्यों ही लिख डाली पहली कविता

मानो छू लिया आसमान था

याद है मुझे वो दिन

जो मेरी ज़िन्दगी का आखरी था

इस कला के बिन

उस दिन के बाद ज्यों पलट गई मेरी ज़िन्दगी

अब बूरा एहसास भी बूरा नहीं लगता

हर एहसास के बाद कविता लिखने

कोई शीर्षक है मिलता

प्रथम दिन तो मुझे कुछ समझ न आया

दूजे दिन कविता लिखने का मन बनाया

तीसरे दिन शीर्षक ढूंढने में जुट गया

कोई शीर्षक न मिला

हौसला टूट गया

फिर एक दिन मेरे अध्यापक

ने कुछ हम सबको कहा

वह सुनकर मुझसे रहा न गया

अध्यापक ने कुछ इस प्रकार कहा

की शीर्षक ढूंढने का कोई

रास्ता ही न रहा

उन्होंने हमको बताया

शीर्षक से बेहतर

खुद की ज़िन्दगी का कोई पल

लिखने को जताया

मैंने अपना हस्पताल का हाल

किया ब्यान

सुनकर सभी के चेहरों पर आ गई मुस्कान

फिर मैं कवि कहलाने लगा

अपनी ज़िन्दगी का हर पल कविता

के रूप में बतलाने लगा

आखिर कार

आखिर कार मेहनत मेरी रंग लाई

जो बठिंडा में पहली बार आम आदमी पार्टी की सरकार आई

न कोई झूठा वादा

न कोई दूसरी पार्टी की तरह बहाना

बस शहर को करप्शन मुक्त कराने का इरादा

जो जगरूप सिंह गिल ने ठाना

सारे शहर ने इन्हे ही काबिल माना

मेरा मन

आपके बिना नही लगता

मेरा मन

आप हो महान

जो आपने दिया मुझे कविता लिखने का धन

आपके साथ बिताए वह सुनहरे पल

तड़पायें मुझे पल पल

आपकी वह कहानिया

आपका वह जलवा

जो आपने बनाना सिखाया मन की बातों का हलवा

मन की बात को देदो कविता का रूप

जो आप किसी को बता नही पाते

उसको देदो नया स्वरूप

उस वक्त की दोस्तो ने बहुत होंसला अफजाई

नही जानता जो आज लिख रहा हूँ यह बात मुझ में काहा से
आई

धन्यववाद आपका और उन साथियों का

जिन्होंने मुझमें यह काबिलियत लायी

अपने सबसे बड़े दुख को कविता बनाई

जो बात बताने में होती हिचकिचाहट

वोह बात सबके सामने प्रस्तूत करवाई

एक बार तो आया रोना कविता सुनाते वक्त

पर मैंने भी हार न मानी कवि सम्मेलन समाप्त होने तक

अब हर बात को बनाता हूँ कविता

नही रख पाता हूँ खुद पर काबू

उसको शत शत प्रणाम

जिन्होंने सिखाया मुझे यह जादधन्यवाद

मेरी यादे पुरानी

मुझे पल पल सताती है मेरी यादे पुरानी

आज मैं सुनाने जा रहा हूँ यह दुखभरी कहानी

पहला तो

उन दोस्तो से दोस्ती न रख पाया

जिनको दिल से था चाहता

उनका हो न पाया

मंडरा गया मुझ पर हस्पताल का साया

दूज

एक लड़की को दिल देना चाहा

पर वो ठुकरा कर

कर गई फ्रेंडजोने

फिर आयी एक कमीने दोस्त की सलाह

जिसको मैने मान लिया

उससे दूर होने का दुख सहेड लिया

पर फिर भी उस दोस्त की याद है सताती

कभी वह हस्ती कभी रुलाती

फिर कक्षा बारहवीं को अच्छे अंको से पार

करना बना लिया लक्ष

पर उस मूर्ति ने पढ़ाई को भी नही किया मुझे बक्श

अंत में आपको इस तुकबन्दी का सार समझाना चाहूंगा

आपसे एक ही बात कहना चाहूंगा

इन सब वारदातों के बाद नही रहा उस पत्थर पर विश्वास

अब कविता ही बन गयी थी मेरी दर्दनाशक खास

अत्याचार

अगर चाहते हो रोकना खुद पर हो रहा अत्याचार

तो मत बनो लाचार

देश का भविष्य है तुम्हारे हाथों में

इसे बदल सकते हो अपने इरादों से

एक बार करलों इरादा

होने का कामयाब

छोड़ दो ज़िन्दगी के सारे ताम झाम

और कर के देखो मेहनत का काम

एक बार मान के देखो

ज्यो देश का भविष्य है

तुम्हारे हाथों में

बदल सकते हो या सुधार

सकते हो तुम अपने इरादों से

बस तुमको कुछ ज्यादा नहीं करना

करना है एक अटल निश्चय

कि बदलना है तुमको भारत का भविष्य

फिर तुमको कोई रोक न पाएगा

हर जन मूहुँ की खाएगा

जो तुम्हारे राह में आएगा

ज़रा अटल निश्चय कर के तो देखो

देश का भविष्य बदलने का लक्ष्य तो रखो

अगर हो गए कामयाब तो देश सुधर जाएगा

अगर हो गए नाकाम तो देश सीख जाएगा

यह सब मैं नहीं

केह रहा है मेरे अंदर का कवि

बस देश सुधारने का लक्ष्य रखो सभी

एक सच

आज मैं आप सबको चाहूंगा

बतलाना एक सच

आप सब को चाहिए कामयाबी

करते रहते हो कामयाबी के लिए मच मच

पर अगर आप चाहो तो

बताऊं आपको यह बात

कामयाबी पाना है आसान

नहीं करना कोई भी

किसी से भी युद्ध घमासान

कामयाबी के लिए करो कार्य वही

जो आपको लगे सही

Corona Rap song by me

कोरोना को हराना है

देश को जीताना है

कोरोना को हराना है

देश को जीताना है

इसको देश से एक

दूजे से दूर रहकर है मिटाना

है कोरोना को हराना

(कोरोना कोरोना कोरोना

इसके डर से डरो ना)-२

स्वच्छता का मंत्र अपनाओ हां

कोरोना से तुम घबराओ ना

हाथ मिलाना छोड़

नमस्ते करना सिखलाओ हां

इस कोरोना से तुम घबराओ नां

हर २० मिनट बाद हाथों को नेहलाओ हां

इस कोरोना से तुम घबराओ नां

सर्दी , बुखार , जुखाम से तुम

घबराओ हां

इसके लक्षण मिलते ही

डॉक्टर के पास जाओ हां

इसके डर से तुम डरो ना

(कोरोना कोरोना कोरोना

इसके डर से तुम डरो नां)

इसका तोड़ है सिर्फ एक

सामाजिक दूरी अपनाओ हां

इस कोरोना से तुम घबराओ नां

(कोरोना कोरोना कोरोना

इसके डर से तुम डरो नां)-२

आपका यही कदम आपको

बचाएगा

फिर आप नहीं

कोरोना आप से घबराएगा

(कोरोना कोरोना कोरोना

इसके डर से तुम डरो नां)-२

कितने ही सैनिक कितने ही जवान

कितने ही सैनिक

कितने ही जवान

हो गए कुर्बान

इस देश के नाम

जो आज कहलाता है

हिन्दुस्तान

जो आज कहलाता है

हिन्दुस्तान

उनकी उस कुर्बानी को

क्यूं जाते हैं हम भूल

और जुट जाते हैं

इकट्ठी करने में वो धूल

वही धूल जिसपर

लगी है तस्वीर उस

देशभक्त की जिसने

अपनी पूरी जिंदगी

खादी पहनकर गुजारी

विदेशी सामान को कह

अलविदा

देशी सामान की कीमत हमको समझाई

वाह रे कुदरत

तूने यह कैसी दुनिया बनाई

भगत सिंह चाद गए फांसी

कराने को मुक्त हमको

से विदेशी खांसी

और गांधी ने खाई गोली

पर नहीं पलटे से अपनी बोली

वे जन्म से लेकर मरण तक

देश को देश से अवगत कराते कराते

हार गए

और की जवान

देश के लिए

अपने प्राण वार गए

रहे कितने ही देशभक्त

महात्मा गांधी, लक्ष्मीबाई,भगतसिंह

सब ने एक होकर यह लड़ाई लडी

इस लड़ाई में जीत प्राप्त की

उनको न था कोई धर्म और भेदभाव

का चक्कर

उनका एक ही था लक्ष्य देनी है

अंग्रेजो को टक्कर

न था उनको कोई धर्म और भेदभाव

का चक्कर

एक ही था उनका लक्ष्य

देनी है अंग्रेजों को टक्कर

संकल्प था उनका दृढ़

वो जा उनसे गए भिड़

उन्होंने कर मेहनत नामुमकिन

काम मुमकिन कर दिखलाया

अंग्रेजों को अच्छा सबक सिखलाया

उनको दिल से धन्यवाद

जिन्होंने अपनी जान गवाकर हमको आज़ादी दिलवाई

महिलाओं के बारे में क्या लिखूं

महिलाओं के बारे में क्या लिखूं

इतनी मेरी औकात नहीं

जो करते हैं इन महिलाओं

के साथ छेड़ छाड़ उनप र क्यूं होती अग्नि ओलों

की बरसात नहीं

हर दिन

दिन ब दिन

कितने ही आते छेड़ छाड़ के मामले

और हर मामले पर सरकार केहती

तू यहां से अपना चेहरा घुमाले

आखिर क्यों यह सब होता है

इस हिंदुस्तान नामक देश में

यहां सब दैत्य छुपे हैं मनुष्य के भेष में

क्यूं आखिर क्यूं

महिलाएं तो होती हैं

घर का गहना

किसी की मां

किसी की बेहना

क्यूं उस नारी संग यह सब

बीत रहा

क्यूं नहीं नारी और पुरुष बीच वो पहले जैसा प्रीत रहा

नारी घर संभालती है

अपने बच्चों को पालती है

क्या यही उसकी गलती है

जो हर दिन 10 रेप केस होते हैं दर्ज

क्या यही है हम हिन्दुस्तानियों का फर्ज

उनकी इज्ज़त का कोई नहीं ख्याल

गुज़र जाता यह सब देख देख पूरा साल

एक सवाल मेरा उनसे

जो करते इस नारी साथ छेड़ छाड़

क्या यही दिया तुम्हारी मां

तुम्हारी बहन ने संस्कार

ज़रा तुम भी देखो सोचकर

अगर तुम्हारी मां , बहन हो जाए तुम जैसों का ही शिकार

तो तुम लोग क्या करोगे

उसके खिलाफ़ कोई कदम उठाओगे या ऐसे ही जाने दोगे

वो लड़की,वो औरत,वो उस खुदा की जान

लड़की या औरत होना ही उसका मान

उस लड़की को

लड़की की गर्भ में ही मार दिया जाता है

उस लेडी की तस्वीर पर हार चढ़ा दिया जाता है

क्या बस इतना सा ही था उसका सफ़र

पूछता है सवाल जागरूक नागरिक

यह मित्तल जतिन

अगर समाज में न रहेंगी यह लडकियां

तुमको पैदा कौन करेगा

तुमको तुम्हारी प्रथम शिक्षा कौन दे पाएगा

बस मेरा मानना है यही

प्रथम देनी नारी को इज्ज़त सही

अनमोल रत्न

आज कितने दिन बाद

उस अनमोल रत्न के दर्श

क्या बताऊं आपको

उनके आखरी दर्श को

भी हो गए थे कितने वर्ष

कहानी शुरू से बताऊं या

बीच में से समझ नहीं कुछ आ रहा

पर आपको बताना है

बस यही यतन है मुझे सता रहा

चलो आपको अपनी कहानी

बताने की करता हूं शुरुआत

पर आपको यह कहानी बताने

में हो सकती है रात

बात है कुछ कक्षा छटी की

बात है मेरी भटकी मती की

मेरी पहली किसी लड़की से यारी

और उसकी शक्ल प्यारी की

कल पता नहीं क्या थी किस्मत की मंजूरी

जो रह न पाई उससे वो पहले वाली दूरी

अरे उसकी शक्ल में अभी भी कोई बदलाव नहीं हुआ

उसको मैंने तो पहचान लिया

पर मेरे ख्याल से वो मुझे पहचान न पाई

मुझे लगता है उसने मुझे देखा ही नहीं

उसकी शक्ल देख मैं फ्लैट हो गया वहीं

इतने दिनों से मैं उसे ढूंध रहा था

कल जाके वो मुझे दिखी

अरे मेरा बचपन का प्यार था वो

कल जाके दिखा मुझे जो

अब और न उसके बारे में कर पाऊंगा ब्यान

मेरा पहला प्यार था जो

वही थी मेरी शान

उसने है मुझे साइकिल सीखने के लिए किया प्रेरित

उसका ही था कमाल

मैं साइकिल सीख पाया

उसकी प्रेरणा को जीत दिला पाया

उसकी ही बदौलत

मेरी समाज में इज्जत बन पाई

जो वो मुझे साइकिल की ट्रेनिंग दे गई

बन रहा है मिसाल दुनिया का हर एक किसान

बन रहा है मिसाल दुनिया का हर एक किसान

बन रहा है मिसाल दुनिया का हर एक किसान

तू भी सीख कुछ उनसे ओह भ्रष्टाचारी इंसान,

क्यूं उस किसान साथ

यह सब बीत रहा

क्यूं नहीं वो प्रशासन हमारा मीत रहा

भारत का हर किसान

इस कानून से हो भयभीत रहा

इसलिए तो उन्होंने इस अंशन का यह मार्ग रचा,

हमारी यह भ्रष्टाचारी राजनीति

और राजनेता भी भ्रष्टाचार

क्या यही था उस गांधी

बापू का संस्कार,

आखिर उन किसानों ने

क्या था बिगाड़ा

जो हमारे प्यारे मोदी जी ने

यह रास्ता निकाला,

बन रहा है मिसाल

दुनिया का हर एक किसान

ज़रा उस किसान से पूछ

तेरी भूख तृप्त करने को

सुबह पांच बजे है उठता

उसे नहीं सूझता और कुछ

सुबह छह बजे माटी से खेलता

अपना परिवार छोड़ करता

रक्षा उस फ़सल की

रक्षा हमारी आने वाली नस्ल की,

एक ही तो आदमी था जो

हमे किसी के आगे हाथ फैलान से रोकता

और तेरा यह कानून

आग में घी झोकता

अगर तू अपनी जगह है सही

तो अब क्यूं नहीं कुछ भोंकता

अरे ओह ज़िन्दगी

अरे ओह ज़िन्दगी

कुछ तो बता

तेरा क्या है इरादा

ज़रा मुझको समझा

तेरा क्या था बिगाड़ा मैंने

जो तूने मुझे इता दर्द दिया

दर्द दिया तो दिया

उसका घाव भी रहा हरा

अरे ओह ज़िन्दगी

कुछ तो बता

तेरा क्या है इरादा

ज़रा मुझको समझा

नहीं मुझे तुझसे कोई शिकायत

पृथक हो जाने प्यार की

बस त्रुटि है तो उस प्यार

से विचड़ने की जिसके साथ

खाई थी कसमें सालों साल

साथ निभाने की

वो थे मेरे प्यार

सच्चे मेरे यार

अरे ओह ज़िन्दगी

कुछ तो बता

तेरा क्या है इरादा

ज़रा मुझको समझा

खुद से किए वो वादे

नहीं हो पा रही पृथक

खुद से खुद की यादें

वचन होने का वचनबद्ध

दोस्तों से कभी दूर

न जाऊंगा

उनका हमेशा साथ निभाऊंगा

पर नहीं जानता मैं

ज़िन्दगी ने कैसा है खेल रचा

मेरे लिए कोई भी दोस्त न बचा

अरे ओह ज़िन्दगी

कुछ तो बता

तेरा क्या है इरादा

ज़रा मुझको समझा

अरे ओह ज़िन्दगी

कुछ तो बता

तेरा क्या है इरादा

ज़रा मुझको समझा

ज़रा मुझको समझा

मेरी क्या थी गलती जो पड़ा

मुझको यह सब सहना

दूर हो गया मेरी जिन्दगी का हसीन गहना

जिसके बिन एक पल भी लगता है

एक वर्ष समान

उन्ही यारों का कभी था मुझको घुमान

क्या बताऊं आपको

किस्से अपनी यारी के

सब तेहेस नेहेस करदिए एक बीमारी ने

वो विद्यालय की सीढ़ियों से उसने मुझे उठाया

सुन मेरा अकेलापन मुझे मित्र बनाया

शायद था वो भी अकेला

जो उसने दिखाया मुझे वह मेला

उसने मुझे दोस्त बनाया

दोस्ती के और दोस्तों के लाभ को दर्शाया